The Cycle of Learning

Early Fall 2006.

To David Walther,
with much respect , appreciation,
and poetic regards.
Warmly,
Jorge Aigla, M.D.
Santa Fe, N.M.

El ciclo de aprendizaje

The Cycle of Learning

El ciclo de aprendizaje

JORGE H. AIGLA

Bilingual Press/Editorial Bilingüe
TEMPE, ARIZONA

ISBN 1-931010-24-2

Library of Congress Cataloging-in-Publication Data

Aigla, Jorge H.-, 1954-
    The cycle of learning = El ciclo de aprendizaje / Jorge H. Aigla.
       p. cm.
    ISBN 1-931010-24-2
       1. Learning and scholarship—Poetry. 2. Education—Poetry. 3. Awareness—Poetry. I. Title: Ciclo de aprendizaje. II. Title.

PS3551.I336C93 2003
811'.54—dc22

2003066541

PRINTED IN THE UNITED STATES OF AMERICA

Front cover ensō: Jorge H. Aigla
Cover and interior design by John Wincek, Aerocraft Charter Art Service
Back cover photo by Linda B. Corbet

This publication is supported by the Arizona Commission on the Arts with funding from the State of Arizona and the National Endowment for the Arts.

Arizona
Commission
on the Arts

NATIONAL
ENDOWMENT
FOR THE ARTS

DEDICATION

Para mis maestros
especialmente
Cecilia, mi madre
Andrés, mi hijo
y Marlane, mi alma gemela

FOREWORD

Jorge Aigla has come through with another volume of his
international poetry and his first totally bilingual—English
and Spanish—work. His first book, *Sublunary* (Tesuque, NM:
Pennywhistle Press, 1989), contains this poem:

A Coroner's Apology I

The almost empty bus
rushed me to my workplace
where I knew, from
this morning's paper
who and what I would encounter.

"The body is that of a well developed . . ."
and went on describing, starting with the head:
"A hematoma is present . . ."
the tape recorder memorized
what I dictated.

I introduced the speculum gently,
as if trying to compensate
for the brute that strangled her,
as I did the vaginal exam.

The body insides were
so clean, intact, and
alive, that I expected
her to stop me, astounded,
during the procedures.

But it was too late; it is too late
to find again the source that felt,
that moved and suffered,
without which she was brought
to my discolored loathsome hands.

With a poetic grip as athletic as this, it seems no introduction
is needed; would not the reader be caught in the steel trap of the
utterance itself, unbaited by critical or biographical comment?

The outstanding New Mexico poet Keith Wilson distilled in
his introduction to Aigla's second book of poems, *The Aztec Shell*
(Tempe, AZ: Bilingual Press, 1995), a biographical sketch:

> a Renaissance man-poet, swordsman, doctor of medicine,
> fifth- [now sixth-] degree black belt karate-dō instructor, and
> tutor at St. John's College in Santa Fe, where every tutor has to
> be more than competent in many disciplines. In addition he is
> a fine father and husband, a good friend, and a wonderful poet
> in two languages. He was born in 1954 in Mexico City and
> began his higher education at the National Autonomous
> University of Mexico. He continued his studies at St. Mary's
> College in California, earning a B.S. degree in 1975, and
> completed his M.D. degree at the University of California,
> San Francisco, in 1979. He then did a residency in pathology
> and later worked with the San Francisco coroner's office in
> forensic medicine.

After quoting and praising several poems from that book, he
closes: "His work strips existence naked. All is there on the page
without apology or devious evasions. I would recommend this
book to any serious reader . . . Jorge H. Aigla is a gifted writer.
Trust him. I certainly do." Here, besides affirming Keith's trust-
ing esteem and hinting at the revelatory content of Jorge's title
poem from his first book—

Sublunary
away from
God

and His
Action-at-a distance
frictionless bodies
are a myth;
sound
is produced
where bone
meets flesh and bone:
the vital
humor
splatters
and forms red
stars
on the pavement,
and to
follow
the Via Rubra
is to encounter
the source
of crime.

—with the terseness of fusing title and first line in a syntax of apposition (speaking the transitory brittleness of everything under the sphere of the moon, of this world as experienced), let me promise the reader the mature and powerful experience of this *Cycle of Learning,* the poetic counterpart to William Carlos Williams's collection of prose essays *The Embodiment of Knowledge.* As you hold this book in your hand, browse, acquire, make it your own.

For a closing incitement I shall quote only two samples: the first as concentrated a literary criticism as I know, voicing the miracle of that man-character Don Quixote:

Miguel de Cervantes

To create that
which creates itself
is a shortcut

to Godhood.

In Spanish:

Crear algo
que se crea a sí mismo
es un atajo
a endiosarse.

The other poem treats a poignant childhood memory; its title
is "Silence":

Vacationing in Cuernavaca
as a child, alone,
I used to see the lovely nest
near the center
of a young palm tree
outside the house
whitewashed and violet
with bougainvilleas on its corners
and red tiled roofs.
I got used every summer
to the trill of the chicks
and to the flutter of wings
of the caring mother.
It all happened one day:
two lowly young men
dressed in Indian cloth
knocked on the door;
they wished to sell for three pesos
a nest with two tiny birds.
The palm tree remained destitute
for the subsequent years of my memory;
Summers went by in silence,
and a shadow entered my soul
as if I understood something

about the cruelty of poverty
and the poverty of cruelty.

Quite a poem! It intimates ways and mechanisms of internalizing awareness.

A longer preface might dwell on the themes of the organic and dialectic mystery of learning; its occurring outside of language through human bodily presence; on the antinomies symbolized by light-dark, father-son, humid-dry, clear-veiled, wake-sleep, sound-silence; but to save that from unfair dilution and schematic abstraction might require poems quoted throughout, which, I suspect, could somewhat overextend a foreword.

Charles G. Bell

Contents/Índice

PREFACE

Poems come to our imagination and its linguistic representation differently, and to a bilingual author, in either tongue, requiring distinct kinds of effort. It has been pointed out that when the literary genre varies, an optical rearrangement in the reader is needed; I should like to extend this by suggesting that when the language of a piece changes, especially in poetry, an auditory adjustment must be implemented, considering the relative weight of words.

The reader will find on the left-hand pages of the book the poems as they were originally generated, and on the right they appear as they were transformed by the second language. The leap across the spine is not only an essay at translation but aims at emotional and cadential equivalence as well. No poem is perfect, and translations are always defective. Perhaps this work could serve as an invitation to a case study on the psycholinguistics of bilingualism.

Language may well be an instinct; it is certainly our oldest habit.

I am grateful and indebted to the many people mentioned herein. This work is a testament and a small attempt to acknowledge their heavy presence.

Jorge H. Aigla

The Cycle of Learning

El ciclo de aprendizaje

The Cycle of Learning

I closed the senses
and allowed the dark to envelop me.
I dreamt. A wind visited me:
People had loved me;
I had been sick
for a long time,
almost unconscious,
and had been taken care of,
fed, and watched.
I had not realized
what this implied;
I stared at the enormity
of some of my actions
and of my secret inertias.
Awaking, alone,
I opened once more
the cycle of learning.

El ciclo de aprendizaje

Cerré los sentidos
y permití que la oscuridad me envolviese.
Soñé. Visitóme un viento:
Gente me había amado;
Había estado enfermo
por largo tiempo,
casi inconsciente,
y me habían cuidado,
alimentado y vigilado.

No me había dado cuenta
de lo que esto significaba;
Miré la enormidad
de algunos de mis actos
y de mis inercias secretas.
Despertando solo,
abrí de nuevo
el ciclo de aprendizaje.

Silencio

De vacaciones en Cuernavaca
niño y solitario
veía yo siempre el lindo nido
cerca del centro
de una joven palmera
afuera de la casa
blanca con cal y violeta
con buganvillas en las esquinas
y rojos tejados.
Me acostumbré cada verano
al trino de los polluelos
y al aletear del vuelo
de la cuidadosa madre.
Todo pasó un día:
dos humildes muchachos
vestidos de manta india
tocaron a la puerta;
nos querían vender por tres pesos
un nido con dos pajaritos.
La palmera quedó desolada
por el resto de los años que recuerdo;
los veranos pasaron silenciosos,
y una sombra me entró en el alma
como si entendiera algo
de la crueldad de la pobreza
y de la pobreza de la crueldad.

Silence

Vacationing in Cuernavaca
as a child, alone,
I used to see the lovely nest
near the center
of a young palm tree
outside the house
whitewashed and violet
with bougainvilleas on its corners
and red tiled roofs.
I got used every summer
to the trill of the chicks
and to the flutter of wings
of the caring mother.
It all happened one day:
two lowly young men
dressed in Indian cloth
knocked on the door;
they wished to sell for three pesos
a nest with two tiny birds.
The palm tree remained destitute
for the subsequent years of my memory;
Summers went by in silence,
and a shadow entered my soul
as if I understood something
about the cruelty of poverty
and the poverty of cruelty.

Tardes

Esas tardes, los sábados de mi tierna niñez
en la Ciudad de México
fueron simplemente hermosas.
Era el tiempo en que los padres
estaban uno a uno con sus hijos,
y los llevaban a ver a amigos, a tomar un helado,
a platicar al parque, o a tiendas interesantes
desde que eran chiquitos.
Me acuerdo ir a una tienda
que vendía equipo de alpinista:
mi padre conocía a "El Cabrito",
un escalador del gran Popocatépetl,
y él nos enseñaba botas, sogas y martillos,
y fotografías del Valle de México y de la nieve.
Otro lugar de mis ensueños era una esquina
en una parte antigua de la ciudad,
donde vendían modelos de aviones
con motorcitos de gasolina;
yo veía a los niños ricos comprar,
y nosotros volábamos en nuestros sueños.
Otro lugar era la tiendita del japonés Osawa,
que vendía conchas, mariposas, arañas, escarabajos
y otras alimañas y sabandijas disecadas;
por un par de pesos uno podía
aumentar una modesta colección.
Un laberinto en el sótano de una mansión
lo llevaba a uno al recinto de El Viejo Catalán
que vendía timbres y sellos postales;
tenía en su posesión la primera estampa de Juárez,
y prometió que nunca la vendería,
aunque tal vez me la regalaría algún día.
En un garage Don Leopoldo vendía cosas de ingeniero:

Afternoons

Those afternoons, the Saturdays of my tender childhood
in Mexico City
were just lovely.
It was the time when fathers
were one on one with their sons,
and took them to see friends, have an ice,
talk in the park, or to intriguing stores
from their youth.
I remember going to a store
that sold mountain climbing equipment:
my father knew "The Goat,"
one of the climbers of the great Popocatepetl,
and he would show us boots, ropes, and hammers,
and photographs of the Valley of Mexico and of snow.
Another place in my fantasy was a corner
in an old section of the city,
where they sold model airplanes
with gasoline engines;
I would watch the wealthy kids buy
and we in our dreams would fly.
Another place was the small shop of the Japanese man, Osawa,
who sold shells, butterflies, spiders, beetles,
and other vermin and dried creepers;
for a few pesos one could well
enlarge a modest collection.
A labyrinth in the basement of a mansion
led one to the abode of The Old Catalán
who sold stamps and postal seals;
he had in his possession the first stamp of Juárez,
and promised never to sell it,
though perhaps, he might give it to me some day.
In a garage Don Leopoldo sold supplies for engineers:

reglas de cálculo con muchas filas, escuadras,
plumas finas, tinta china, compases complicados,
y con todo ello el amigo de mi padre
me trazó un mundo.
Esas tardes repletas, ya abandonadas,
ensombradas por la muerte,
deshechas por un mundo rápido y grosero,
me enseñaron lo que es llenar
el tiempo alerta.

slide rules with many rows, squares,
fine pens, india ink, complicated compasses,
and with all this my father's friend
traced a world for me.
Those crammed afternoons, already abandoned,
shadowed by death,
undone by a fast and coarse world,
taught me what it is to fill out
the alertness of time.

Aprendiendo

Cuando me llevabas
al Museo del Chopo
temprano en la mañana los domingos,
y me enseñabas plantas, rocas,
animales disecados, fósiles
y otros seres que sólo Dios
sabrá que eran,
tú jamás te imaginaste
la impresión que
el Mundo Natural
tendría en tu hijito
que, agarrado de tu delantal
sonreía para no estar asustado.
Aun hoy no sé qué es lo que tú
pensabas o sentías
(si es que estos dos modos
de ser humano
son acaso diferentes)
al ver las extrañas riquezas
presentadas en grandes
y sucias vitrinas,
sin tú haber tenido la educación
para poder explicarlas.
Humildemente caminábamos
por los angostos corredores;
veíamos, hablábamos, reíamos,
y tu mano sosteniendo la mía,
y tus abrazos y cariño,
me hicieron entender más
que cualquier verbo o ciencia.

Learning

When you would take me
to the Chopo Museum
early on Sunday mornings,
and would show me plants, rocks,
stuffed animals, fossils,
and other beings that only God
knows what they were,
you never imagined
the impression that
the Natural World
would have on your child
who, holding on to your apron
would smile in order not to feel frightened.
Even now I do not know what it is you
would think or feel
(if these two modes
of being human
are perchance different)
upon seeing the strange riches
presented behind large
and dirty glass cabinets,
without your having had the schooling
needed to explain them.
We would humbly walk
through the narrow corridors
seeing, talking, laughing;
your hand holding mine,
and your embraces and love
made me understand more
than any word or science.

The Shot

Atop a cedar branch
he (or she) quietly sat
beholding what below
would soon cause its downfall.
I pumped and quickly aimed;
the child alone, unguided,
was sure to hit the core:
the plumage seized aloft,
the pellet was engulfed.
No caring ministrations
would save this one for all.
I buried him that morn
right where the body fell—
the birthday present brought
death, and death the memory
of a mother's warning love:
Kill not, since once in death
the dead cannot forgive.
I learned to put away
all weapons since that bird,
and warred against violence
in many secret ways
remembering that day.

El disparo

En la rama de un cedro
él (o ella) calladito se paraba
mirando lo que abajo
produciría pronto su caída.
Amartillé y rápido apunté;
el niño solo, sin guía,
tiró seguro al centro:
el plumaje se estremeció,
el perdigón fue absorbido.
Ningún cuidado atento
lo salvaría para los otros.
Lo enterré esa madrugada
justo donde cayó el cuerpo—
el regalo de cumpleaños consigo trajo
muerte, y la muerte la memoria
de la advertencia del amor materno:
No mates, pues en la muerte
el muerto no perdona.
Aprendí a abandonar
toda arma desde el pájaro,
y arremetí contra la violencia
recordada de ese día.

Una mañana

Ese desierto de cemento
una madrugada en la Ciudad de México,
esperando yo el camión
que me llevaría al gimnasio de la secundaria,
me reveló a un hombre:
el mismo obrero, delgado, sucio y oscuro
cargando un saco de mimbre,
su cara una biblia de tristezas,
condenado a viajar por tal vez dos horas
a la fábrica cuyas calderas
y chimeneas devoran a los hombres.
Su circunstancia dependiendo sólo de él;
su grandeza el resultado de su mera conciencia;
él vino y fue y empujó y jaló
su mundo de madera y de ladrillos
y de cascajos y de rocas
deseando poco y sin esperanza:
actuando, haciendo, respirando, sudando,
resignado a un país y a un mundo
donde no está todo bien,
donde lo que él afirma lo destruye
y también lo eleva
hasta la cima del Popocatépetl,
su nieve sonriéndole
a este Sísifo azteca,
y mirando y sintiendo su faena.
Aprendería yo algo
al acumulárseme los años y las penas.

One Morning

That cement wasteland
on an early Mexico City morning,
as I waited for the bus
to take me to the high school gym,
revealed to me a man:
the same thin and dirty and dark
manual laborer carrying a hemp sack,
his face a bible of sorrows,
condemned to ride for perhaps two hours
to the factory whose stoves
and chimneys devour men.
His condition depending on him;
his greatness the result of his awareness;
he came and went and pulled and pushed
his world of wood and bricks
and gravel and rocks
expecting little and not hoping:
acting, doing, breathing, sweating,
reconciled to a country and a world
where all is not well,
and what he affirms, destroys
and also elevates him
to the top of Popocatepetl,
its snow smiling
at this Aztec Sisyphus,
and watching and feeling his labor.
I was to learn something
as the years and toils piled on me.

Life Is Worth Nothing

In those vulnerable years
into pain
keeping the wrong company
to avoid loneliness,
a Mexican dive of a bar
painted in destitution
showed me a man deranged,
his face gnawed by smallpox,
across from a darker man,
both with elbows resting
on a derelict table.
The first drank to the second,
the second to the first,
and the unhinged one
offered a box of cartridges
and a bottle of tequila
to the dark one
as he pointed his
killing finger to a third
a few tables beyond.
My bad company schooled me:
"That bastard is already dead,
life is worth nothing."
In the lower strata of Mexico's hell
a life is bought and undone
with a trifling exchange
for no reason perceived
by a wide-eyed eighteen year old
with scales dropped from his eyes
in a dimly lit room.

La vida no vale nada

En esos años vulnerables
hacía el dolor,
mal acompañado
para evitar la soledad,
un antro de bar mexicano
pintado en miseria
me mostró un hombre trastornado,
su cara roída por la viruela,
frente a otro más moreno,
los dos con los codos
en una mesa en ruinas.
El primero le brindó al segundo,
y el segundo, al primero,
y el dislocado
le ofreció una caja de cartuchos
y una botella de tequila
al más oscuro
apuntándole su asesino
dedo a un tercero
a unas cuantas mesas.
Mi mala compañía me educó:
"Ese güey ya está muerto,
la vida no vale nada".
En los estratos bajos del infierno mexicano
una vida se compra y deshace
con una bagatela de intercambio,
por ninguna razón apercibida
por un muchacho de dieciocho con ojos saltones
y escamas caídas de sus pupilas
en un cuarto claroscuro.

Revelation

Our romantic enthusiasms,
our cutting classes to indulge our laziness,
our convulsions in student demonstrations,
for want of anything better in the destitution
of a wealthy city for the rich,
made us enter into solidarity
with any and every workers' strike
and other universities' student struggles.
Then:
the repetitious, thrusting, obscene noise
rat-tat-tat-tat-tat-tat-tat:
a sudden realization, a pain in the leg:
being pierced by the fear of death
at the age of eighteen,
perhaps all too late
for a middle-class Mexican boy.

Revelación

Nuestros entusiasmos románticos,
el saltar clases para satisfacer nuestra pereza,
nuestras convulsiones en manifestaciones estudiantiles,
por no tener más que hacer en la escasez
de una ciudad rica para los acaudalados,
nos hacían entrar en solidaridad
con cada huelga de trabajadores
y con las luchas de estudiantes de otras universidades.
Cuando:
el repetitivo, penetrante, obsceno ruido
rat-tat-tat-tat-tat-tat-tat:
un despertar súbito, un dolor en la pierna:
ser perforado por el miedo a la muerte
a la edad de dieciocho años,
tal vez demasiado tarde
para un niño mexicano de clase media.

Héctor Brust Carmona

He stood
tall, intelligent, corpulent
with the face of a refined European
in the social jungle of Mexico,
in front of students,
many of them hungry,
who had heard of his lectures
(but did not wish to submit
to his examinations),
all too young to attempt
the serious study of medicine.
To undertake the teaching of
and research in physiology
in Mexico in the early 1970s,
at the National Autonomous University
just a few years after the massacre
of thousands of students and mothers
in Tlaltelolco by the government,
branded him as a madman.
Single-handedly he got us through
Ruch and Patton's magisterial textbook.
From him most learned some facts
that might have helped them
to minister to a dying peasant
or a dehydrated and malnourished child;
from him I learned
the meaning of integrity.

Héctor Brust Carmona

Parecía gallardo
alto, inteligente, corpulento
con cara de europeo refinado
en la jungla social de México,
frente a estudiantes,
muchos de ellos hambrientos,
que habían oído de sus cátedras
(pero no querían someterse
a sus exámenes),
demasiado jóvenes para atentar
el estudio serio de la medicina.
Tratar de enseñar
y hacer investigación en fisiología
a principios de los años 70 en México,
en la UNAM
sólo unos años después de la masacre
de miles de estudiantes y madres
en Tlaltelolco por el gobierno,
lo marcó como loco.
Él solito nos cubrió
el texto magistral de Ruch y Patton.
De él la mayoría aprendió algo
que tal vez les ayudaría
a atender a algún campesino moribundo
o a un niño deshidratado y malnutrido;
de él yo aprendí
lo que significa la integridad.

The Way of All Flesh

I saw you again in the park
the very day before I left my country
as I took a last walk with a cousin
and listened to his advice, bold,
never to allow emotional barriers
to get in my way.

You were the first woman I was with
without having to pay;
the few days we spent in Acapulco
dislocated my late teenage years
and promised to shut off the night.

As you walked erect, well dressed,
your green eyes and brown skin
announcing you were now free,
I hesitated, then moved toward you,
and we exchanged words more nourishing
than memories of our toils.

The next day I left
and carried you in my recesses for thirty years.
I went through it all again,
then settled.
And you came to me last night in a dream
opening again the day for me.

El destino de la carne

Te vi de nuevo en el parque
el mero día antes de partir
al caminar por vez última con un primo
y escuchando su consejo, atrevido,
de nunca permitir que barreras emocionales
se interpusiesen en mi camino.

Tú fuiste la primera mujer con quien estuve
sin tener que pagar;
los pocos días que pasamos en Acapulco
dislocaron mi adolesencia
y prometieron apagar la noche.

Caminando erguida, bien vestida,
tus verdes ojos y piel morena
anunciando que eras ya libre,
yo titubeé, y me acerqué a ti
e intercambiamos palabras más nutritivas
que la memoria de nuestros esfuerzos.

El próximo día me fui
y te llevé en mi lugar recóndito por treinta años.
Tuve que pasar por todo de nuevo,
y al final me apacigüé.
Y tú me viniste anoche en un sueño
abriendo nuevamente mi día.

John Correia,
My College Chemistry Teacher

The symbols of hexagons, surrounding circles
transformed into circles crossed by lines
get repeated with chalk, white on black board
many times as you talk to the young.

With the unfolding of years you continue to stand
at the junction of the child and the man,
you give advice to those few who reach you
and help them become who they are.

Your mind offered me knowledge of things
and your outstretched hand friendship, a light
more stable than any of those bonds
by which our dark center barely holds tight.

Those lonely walks through wide teeming halls
with students who think they know what they want
should ready your soul to breathe with a sigh:
it is not senseless, this passage of time.

John Correia,
mi maestro de química

Los símbolos de hexágonos, alrededor de círculos
transformados en círculos cruzados por líneas
se repiten con gis blanco en pizarrón negro
muchas veces cuando le hablas a la juventud.

Con el deshilar de los años continúas parado
al borde del niño y el hombre,
das consejo a los pocos que se te acercan
y les ayudas a volverse lo que son.

Tu mente me ofreció conocimiento de las cosas
y tu mano extendida una amistad, una luz
más estable que cualquier unión
por la cual nuestro negro centro apenas se mantiene firme.

Esas caminatas solitarias por pasillos amplios y llenos
con alumnos que creen que saben lo que quieren
deberían preparar tu alma a suspirar con aliento:
no está sin sentido, este pasar del tiempo.

Manuel Francisco Morales

At the University of California, San Francisco,
he taught, did research,
undergoing the piercings
of our sharpened desire to know,
and listened bravely,
in the midst of academic Evil:
a St. Sebastian of Science.

Manuel Francisco Morales

En la Universidad de California, en San Francisco,
él enseñó, hizo investigación,
sometiéndose a las agudezas
de nuestro afilado deseo del saber,
y escuchaba valientemente,
en medio del Mal académico:
un San Sebastián de la Ciencia.

Una guitarra en Guanajuato

Caminando por un retorcido callejón
en límpida mañana de temprano abril
escuché algo que paró mis pasos,
sobresaltó mi pecho y me recordó a mi madre.
Su origen era un joven aguador
que dejado su palo y cubos
en una parte de la ciudad donde no aparecen visitantes,
tomado su instrumento deslizaba
sus mugrientos y callosos dedos por doradas cuerdas.
Apenas supo contestarme:
"Es mi tarea con Don Sabino;
exploré más de veinte horas
durante el fin de semana;
ahora la dejo que cante sola".
Colgó la fuente que me conmovió en su espalda,
y su palo y baldes en los hombros
y se fue sin decir más,
dejando una lágrima seca en mi mejilla izquierda.
No recuerdo ya la sucesión de notas
y menos sus armonías;
su cara casi ni la vi.
Y así fue que en un retorcido callejón
gracias a un humilde aguador, fui tocado
por vez primera en mi edad media
por una guitarra en Guanajuato.

A Guitar in Guanajuato

Walking through a winding alley
on a limpid morning in early April
I heard something that stopped my steps,
startled my breast, and made me recall my mother.
Its source was a young water carrier
who, laying down his pole and buckets
in a section of the city where no visitors wander,
holding his instrument, glided
his dirty and callused fingers through golden strings.
He was barely able to answer me:
"It is my homework with Don Sabino;
I explored over twenty hours
during the weekend;
now I just let her sing by herself."
He hung the source that moved me across his back,
and his pole and buckets on his shoulders,
and left without saying more,
leaving a dry tear on my left cheek.
I no longer remember the succession of notes
and much less their harmonies;
his face I hardly saw.
And so it was that in a winding alley,
thanks to a humble water carrier, I was touched
for the first time in the middle of my life
by a guitar in Guanajuato.

El mundo

Regresar de un viaje
sin duda y sin pena
como Fernando Pessoa lo quizo;
dormir sin soñar del todo
a pesar de lo que enseñó Freud;
amar sin tener que pensarlo
sin saberlo ni desearlo;
trabajar sin darse cuenta;
llorar cuando se debe;
tenerle miedo sólo a lo que
amerita el terror y las tinieblas;
hablar sólo para ayudar
o alentar y curar;
estar donde uno pertenece;
ser lo que hay que ser . . .
¿Quién no ha esperado
estos milagros desvanecidos
en el mundo de los locos?

The World

To return from a voyage
without doubt or sorrow
as Fernando Pessoa wished;
to sleep without dreaming at all
in spite of what Freud taught;
to love without having to think about it
without knowing or desiring to;
to work without realizing it;
to weep when one must;
to fear only what
deserves terror and darkness;
to speak only to help
or encourage or heal;
to be where one belongs;
to be what one should . . .
Who has not hoped
for these vanished miracles
in a madman's world?

Las medias de Don Quixote

El desenlace de tu ropa interior
que cubre tu cuerpo, lejano a tu cabeza
no podría ser afrenta mayor
en el palacio del duque y la duquesa

Te cubrió el alma en tela la tristeza
y viste al fin lo pálido mejor
y noche oscura protegió tu fortaleza
si bien iluminado dejas tú al lector

Es posible vivir día a día en la cabeza
y ser despertado de repente y con temor
de perder el ser y la honra, en ligereza
decidiendo ir a la vida con dolor

Pasas al lado de su alteza
con Sancho, antes gobernador
y embistes el futuro, esa espesa
jungla, dada por Cervantes, escritor.

Don Quixote's Stockings

The unraveling of your undergarments
covering your body, far from your head
could not have been more of an affront
while at the palace of the duke and duchess

Your soul was veiled with cloth in sadness
at last you saw the faintness clearly
and a dark night protected your fortress
as you allowed the reader into the light

It is possible to live all day in fancy
and be awakened suddenly afraid
to lose your being and honor, and to lightly
decide to face with pain your life

You pass right by your highness
with Sancho, a governor a while ago
and charge the future, the heavy jungle
planted by the writing of Cervantes.

El molino de Don Quixote

El molino que atacaste
ah sagrado Don Quixote
fue más molino de tiempo
que molino de viento:
marcando la distancia
entre el momento
en que todo era posible
y en que casi nada lo es;
dividiendo como un abismo
la verdad de Sancho Panza
y las mismas advertencias
vueltas en malnacida injuria;
enseñando de manera imponderable
impenetrable e inconmensurable
no el trecho del dicho al hecho
sino el del aire a tierra firme,
el del sueño al polvo,
el del deseo a las tinieblas.
El molino de tiempo
mi sagrado Don Quixote
a quien tú le entregaste tu ser
te arrebató el todo,
fue tu contratiempo en tu medio siglo
y aceleró al Sol en su orbe,
sus aspas atrayendo al astro
para un prematuro amanecer.

Don Quixote's Mill

The mill you attacked
O sacred Don Quixote
was more a time mill
than a windmill:
marking the distance
between the moment
in which everything was possible
and that in which almost nothing is;
dividing like an abyss
the truth of Sancho Panza
and the same warnings
turned baseborn affronts;
teaching in a weighty way
impenetrable and incommensurable
not the distance between words and deed
but that from air to solid earth,
from dreams to dust,
from desire into darkness.
The time mill
my sacred Don Quixote
to which you offered your being
snatched your all,
was your setback in your half century
and accelerated the Sun in its orb,
its sails attracting the star
into a premature dawn.

Miguel de Cervantes

Crear algo
que se crea a sí mismo
es un atajo
a endiosarse.

Miguel de Cervantes

To create that
which creates itself
is a shortcut
to Godhood.

Bashō's Road

When Bashō writes
and, in doing so, speaks
in his Narrow Road to Oku
of the impermanence of things,
he wishes to tell us of poetry
as the namer and preserver
of our world
of things, sounds and sights,
and of the uncertainty
of what others call the present,
giving way to time,
becoming past—
the only certainty
being his moving body,
the only evanescent truth
of his traveling mind.

El camino de Bashō

Cuando Bashō escribe
y al hacerlo, habla
en su Vereda Angosta a Oku
de la impermanencia de las cosas,
desea decirnos de la poesía
como la nombradora y preservadora
de nuestro mundo
de cosas, sonidos y espectáculos,
y de la incertidumbre
de lo que otros llaman el presente,
donándose al tiempo,
convirtiéndose en pasado—
la única certeza
siendo su cuerpo en movimiento,
la única verdad que se desvanece
en su mente viajera.

Cranes

Amongst the many forms
in the art of origami
there is none to me
like the humble crane.
In Nagasaki thousands of them
commune, multicolored,
strung in long rows
that hang from the monument
marking the core
of modern man's sin.
The city has an ugly statue of a man
with an all-too-big head
as if telling of the disproportion
between what the city now is
and what it once had been:
material for the sophistry
of businessmen who hover
over progress built on devastation.
Late one afternoon, in a wide street
a man stood doing nothing
covered with minute paper cranes.
He drooled and did not smile;
his hair tangled in dark contrast
to the perfectly ordered periodicity
of his patterned dress—
a master of what Unamuno
called cocotology.
I readied myself:
focused the camera on him,
and then something, or someone
dissuaded me in a soft but commanding voice.
I learned not to ROB people.
The madman, I thought,
even he knew that.

Grullas

De las muchas formas
del arte de origami
no hay ninguna para mí
como la modesta grulla.
En Nagasaki miles de ellas
cohabitan, multicolores,
ensartadas en largos cordones
que cuelgan en el monumento
marcando el corazón
del pecado del hombre moderno.
La ciudad posee una fea estatua
de un hombre con cabeza muy grande
como queriendo decir de la desproporción
entre lo que la ciudad ahora es
y lo que había sido una vez:
materia para la sofistería
del hombre de negocios que se cerne
sobre el progreso construido sobre lo devastado.
Casi de noche una tarde, en una avenida,
un hombre se paraba haciendo nada
cubierto de pequeñas grullas de papel.
El babeaba y no sonreía;
su pelo enmarañado en oscuro contraste
con el perfecto orden de la periodicidad
del patrón de su vestidura—
un maestro de lo que Unamuno
llamó la cocotología.
Me preparé:
enfoqué la cámara en él,
y entonces algo, o alguien
me disuadió en voz tenue pero imperiosa.
Aprendí a no ROBAR a la gente.
El loco, pensé yo,
inclusive él sabía eso.

Una flor para mi madre

Éste es el lugar que tanto amas,
el Jardín Inglés en El Zaguán en la Calle Cañón.
Antes de sentarme en esta silla de mimbre
caminé de los pequeños apartamentos aquí
donde a ti te hubiese gustado vivir,
donde tú deberías de haber vivido.
El jardín está vacío hoy, no como el año pasado,
aunque lo describen como "un oasis para el viajero cansado";
tal vez nadie tuvo tiempo de estar cansado
de tantas galerías y artefactos pretendiéndole al arte.
Me siento solo, fortalecido y repleto.
El jardín está en flor este año
después de tanta lluvia, con todos los colores
que a ti te gustan, especialmente el magenta oscuro
de esa flor pequeña y tímida
que una vez tú enderezaste con ternura
al caminar cuidadosamente en la vereda
entre dos grandes árboles castaños,
los mismos árboles a los que me ayudabas
a subir de niño en Cuernavaca.
Las abejas están ocupadas obteniendo el néctar
que contiene la misma azúcar que ahora se acumula
y daña los capilares de tus riñones y retinas,
y te prohibe viajar
y verme a mí, a este jardín y a mi hijo.
Hoy vine de peregrino
solo, a sentarme y a ver, y
a escuchar, a oler y a tocar,
provocando a mis sentidos y haciéndolos agudos
a tu imagen, a mi memoria de tu rostro.
Una mariposa titubea en aterrizar en una rama mojada;
los canales gotean la lluvia que quedó

A Flower for My Mother

This is the place you so love,
the English Garden in El Zaguán on Canyon Road.
Before sitting on this wicker chair
I walked by the small apartments in the complex
where you would have liked to live,
where you ought to have lived.
The garden is empty today, unlike last year,
although described as "an oasis for the weary traveler";
perhaps no one had time to be weary
of so many galleries and artifacts masquerading as art.
I sit alone, fortified and replenished.
The garden is full this year,
after so much rain, of all
the colors you enjoyed, and especially the deep magenta
of that low and shy flower
you once so tenderly straightened
as we walked carefully on the path
between the two large horse chestnut trees,
trees like the ones you used to help me
climb as a boy in Cuernavaca.
Bees are busy procuring their nectar
containing some of the same sugars that now gather
and damage the capillaries in your kidneys and retinas,
and forbid you to travel
and see me, this garden, and my son.
Today I came as a pilgrim
alone, to sit and look, and
listen, and smell and touch,
provoking my senses and making them acute
to your image, to my memory of your face.
A butterfly hesitates to land on a wet branch;
the gutters drip this morning's remaining

de esta mañana; el viento arrulla las ramas
en los árboles; el musgo está salpicado
de lodo. Camino
y piso los pasos del año pasado
y escucho tu voz
y siento tu mano agarrando la mía.
Hoy me permitiré un atrevimiento:
corto una flor, magenta oscura,
para mandártela planchada en mi próxima carta.
De seguro jardín y el jardinero no se opondrán
a esta amputación tan insignificante
en intercambio
por una sonrisa, y tal vez una lágrima tuya.

rain water; the wind lulls the small
branches in the trees; the moss
is sprinkled with mud. I walk
and step on last year's steps
and hear your voice
and feel your hand grip mine.
Today I will permit myself one transgression:
I am picking a flower, a magenta one,
to send you pressed in my next letter.
Surely the garden and gardener will not mind
such a small amputation
in exchange
for a smile, and perhaps a tear of yours.

Mañanas con mi hijito

El día
cuando tu sonrisa
emblanquece la faz del orbe,
principia en las teclas del piano
que relatan tus sueños inocentes.
La luz guía
tus palabras y tus ojos
por la espalda de mi noche.
Un abrazo,
tu beso y cálido saludo,
rompen la fortaleza de mi distancia.
La fruta del desayuno
nos endulza
al salir de casa entrando al mundo.
Tu mochilita
cargando más futuro del que sabes,
y tus pasos con los míos
nos alientan y prometen
un atardecer claro
regresando de la escuela tú a mi lado.

Mornings with My Son

Morning
when your smile
whitens the face of the globe,
begins on the piano keys
relating your innocent dreams.
Light guides
your words and eyes
through the back of my night.
A hug,
your kiss and warm greeting,
break the fortress of my distance.
The fruit at breakfast
sweetens us
as we leave home and enter the world.
Your small backpack
carrying more future than you shall ever know,
and your steps next to mine,
give us hope and promise
a clear afternoon
returning from school, you by my side.

Hijos

No sabemos nada
de los tres hijos de Sócrates,
o de la criatura
adoptada por el envejecido Epícteto
y cuya vida fue salvada
por la decisión del estoico de casarse
para conseguir ayuda en criarla.
Me gustaría saber
qué les pasó,
cómo vivieron y cómo murieron;
si acaso los pequeños recordaron
la visita al oscuro calabozo
donde su padre,
considerado como el mejor, más sabio
y más honesto de los hombres,
abandonó el mundo a sí mismo;
si el niño en brazos
rescatado de la boca de la muerte
por un humilde, cojo y simple hombre,
llegó a darse cuenta de quién era su padre;
y cómo se las arreglaron con el pasar de los años
con el problema del vivir bien
y con la carga y el fantasma
de sus padres.

Sons

We know nothing
of Socrates's three children,
or of the waif
adopted by an aging Epictetus
and whose life was saved from exposure
by the stoic's choosing to marry
in order to get help in raising him.
I should like to learn
what happened to them,
how they lived and died;
whether the little ones ever remembered
visiting the dark chamber
where their father,
acknowledged as the best and wisest
and most upright man,
left the world to itself;
if the small child
captured from the arms of death
by a poor, lame, and simple man,
ever realized who his father was;
and how they managed through the years
the problem of right living
and the burden and phantom
of their fathers.

Afternoon

With hesitating walk
discreet, under the sun,
slapped steadily by wind,
arrhythmically showered by leaves
—those golden fibrillating hearts—
later metamorphosed dry
that I repeatedly crushed
with a hoarse splitting sound
under my merciless feet
in syncopation to a whisper
in my oscillating mind,
I felt the continuous stream of Time
in a remote and gentle park
silently awaiting the end
of my son's play.

Tarde

Con inseguro paso,
discreto, bajo el sol,
bofetado con firmeza por el viento,
bañado arrítmicamente por hojas
—esos dorados corazones fibrilantes—
después vueltos secos
que yo repetidamente trituraba
con sonido ronco cortante
bajo mis impiadosos pies
en síncopa con un murmullo
en mi oscilante mente,
sentí la continua corriente del Tiempo
en un tranquilo y remoto parque
esperando silenciosamente el fin
del juego de mi hijo.

The Alchemy of Trust

After a steep five-hour hike
down God-challenging terrain
one arrives at the vertex
of the Grand Canyon, entering
a village that blends as no other
with what Nature has given.
A small stream runs through Phantom Ranch
and into it my son and I
dipped our tired feet
decreasing the inflammation
in its near-freezing rushes.
Through the corner of my eye
I perceived a fluttering:
a small sister butterfly
came to rest on my left shoulder,
remained, and repeatedly and slowly
moved its wings, opening and closing them
as the sun was setting,
announcing with its rhythm
the coming winds.
It alighted on my son's hand;
he smiled and a tenderness brightened his face;
he cupped his other hand
sheltering the fragile creature
and he spoke to me of the gift of life.
The lepidoptera stayed,
perhaps five minutes elapsed,
and the incessant sound of waters
feeding the emerald Colorado,
which we had seen as a promise
about four-fifths of the way down,
spoke to us three of the passage of time:

La alquimia de la esperanza

Después de una inclinada caminata de cinco horas
bajando terreno que desafía a Dios
uno llega al vértice
del Gran Cañón, entrando
a una aldea que se funde como ninguna otra
con lo que la Naturaleza ha dado.
Un riachuelo cruza El Rancho Fantasma
y en él, mi hijo y yo
metimos nuestros cansados pies
menguando la inflamación
en sus rápidos casi gélidos.
Por la esquina de mi ojo
percibí un aleteo:
Una pequeña mariposa hermana
vino a descansar en mi hombro izquierdo,
se quedó, y repetida y lentamente
movió sus alas, abriendo y cerrándolas
cuando el sol se metía,
anunciando con su ritmo
la venida del viento.
Se elevó y se echó en la mano de mi hijo;
él sonrió y una ternura iluminó su faz;
él ahuecó su otra mano
protegiendo a la frágil criatura
y me habló del don de la vida.
El lepidóptero permaneció,
tal vez como cinco minutos pasaron,
y el incesante sonido del agua
que desemboca en el esmeralda Río Colorado,
que habíamos visto como promesa
a cuatro quintas partes de nuestra bajada,
nos habló a los los tres del paso del tiempo:

these layered heavy billion years,
the ephemeral insect,
my aging arthritic hips,
my son's end of childhood
with his imminent adolescence:
"Do you have any sugar with you?"
After my disappointing answer
he placed her on a branch
in a mystery of care,
near a tiny blooming flower:
"She is hungry, I'm sure."
This coincided with what was to be
our last time reading *The Little Prince* together.
I became witness to the alchemy of Trust
in this bottom-world.

este pesado estratificado billón de años,
el efímero insecto,
mis caducas y artríticas caderas,
el fin de la niñez de mi hijo
con su inminente adolecencia:
"¿Tienes un poco de azúcar?"
Después de mi respuesta decepcionante
él la puso en una rama
en un misterio de cuidado
cerca de una pequeña flor lozana:
"Tiene hambre, lo sé".
Esto coincidió con lo que sería
la última vez que leeríamos *El Principito* juntos.
Fui testigo de la alquimia de la Esperanza
en este mundo bajo.

Rain

I watch your eyes
that contemplated the world's doings
and distinguish in their beautiful brown irises
the decree of heaven.
Tearless they may have been
but never devoid of depth of feeling.
That one should love across species,
and that such an act be elastically returned,
is indeed one of the mysteries
of the living world.
I believe in your emotions and your will
as much as I am incredulous at your rigor.
My hand was the first human flesh
ever to hold your smallness;
your reaction to my touch,
the first I must have myself experienced.
Fourteen years given without speech,
but only in presence,
and in innocence of death and ethics.
God's Grace is Time
and in it—or under it—
He gave us animals to learn
and dogs in order to become human
and grow into deserving them;
but He made one mistake in His labors,
creating the next to closest friendship
with an allotted time of only one fifth
to one of its members.
The cycle is not cut short;
it is completed as you go,
and allows me to look into my secret core
and what I was given, in blessedness,
without asking and for so long.

Lluvia

Miro tus ojos
que contemplaron los sucesos del mundo
y distingo en sus hermosos irises cafés
el decreto del cielo.
Nunca producirían lágrimas,
pero no fueron sin sentimientos profundos.
Que uno pueda amar cruzando especies,
y que este acto sea elásticamente regresado
es de verdad uno de los misterios
del mundo viviente.
Creo en tus emociones y en tu voluntad
al igual que estoy incrédulo ante tu rigor.
Mi mano fue la primera carne humana
que cargó tu pequeñez;
tu reacción a mis caricias,
la primera que yo he de haber sentido.
Catorce años dados sin palabras,
solamente en presencia,
y en la inocencia respecto a la muerte y la ética.
La Gracia de Dios es el Tiempo
y, en él—o bajo él—
Él nos dio animales para aprender
y perros para volvernos humanos
y para llegar a merecerlos;
pero Él cometió un error en Sus labores
creando la segunda más cercana amistad
con una porción de tiempo sólo la quinta parte
para uno de sus miembros.
Él círculo no ha sido interrumpido;
se completa al tú irte,
permitiéndome mirar a mi centro secreto
y a lo que me fue dado, en bendición,
sin pedirlo y por tanto tiempo.

Caminando

Caminando con mi hijito
a paso corto, el alma en calma,
veo lo que él ve y le digo
lo que mi madre me apuntaba
y ayudaba a ver:
un arbusto pequeñito, tierno,
haciéndoles hogar a unos insectos amarillos;
un agujero hecho con trabajo,
fortaleza de algún animalejo;
una rama rota, derrotada tal vez
por la nieve, e incapaz
de sostener un pajarillo;
un riachuelo
como vereda pequeña en la arena,
dándole aliento a un conejo
que no se distrae al beber.

Cada domingo hacemos el camino,
la misma jornada al mismo paso,
y veo crecer a mi hijo, acaso
él pensando en lo que va a ser.
Teniendo cuidado de las cosas de la tierra
crecerá sano, y al tener a su hijo
le enseñará que el Mefistófeles de Goethe
está profundamente equivocado
pues hay poco
que no merece ser nombrado,
amado o respetado,
o vuelto a ver.

Walking

Walking with my son
with measured steps and a calm soul,
I see what he observes and I tell him
what my mother used to point out to me
and helped me see:
a small bush, tender,
making a home for some small insects;
a hole carved out with labor,
a fortress for some small animal;
a broken branch, perhaps defeated
by the snow, and incapable
of supporting a small bird;
a stream
like a tiny trail on sand,
giving breath to a rabbit
that does not get distracted while drinking.

Each Sunday we cover the path,
the same journey at the same pace,
and I watch my son grow, perhaps
thinking of what he shall become.
Caring for the things of this earth
he will grow up healthy, and when he is a father
he is to teach his son that Goethe's Mephistopheles
is profoundly mistaken,
since there is little
that does not deserve to be named,
loved or respected,
or seen again.

Nosotros

Nosotros
los vencidos
los desarraigados
los tristes de noche,
y durante el día
con madres oscuras
y huesos blancos

Nosotros
los vencidos
de lugar lejano
de aspiraciones remotas
en viento helado
con corazones rotos
y latidos descarriados

Nosotros
los vencidos
por el tiempo
y presos de la historia
abandonados a la memoria
de los que nunca
quisieron recordar

Nosotros
los vencidos
algún día
sabremos quienes somos
y así, de repente
nos encontraremos
a nosotros mismos.

We

We
the vanquished
the uprooted
the sad by night,
and by day
with dark mothers
and white bones

We
the vanquished
from a far-off place
with removed aspirations
in an icy wind
with broken hearts
and beats gone astray

We
the vanquished
by time
and prisoners of history
abandoned to the memory
of those who never
wished to recall

We
the vanquished
some day
shall know who we are
and then, quite suddenly,
will find
ourselves.

Un reflejo

Si al buscar nos encontramos
pero nunca al que buscábamos,
terminamos por mirarnos como extraños
y llamamos mentiroso al fiel espejo,
no nuestro aliento el del reflejo
sino el del otro, solo y viejo.

Reflection

If in our search we find ourselves
but never he whom we looked for,
we end up seeing ourselves as strangers
and call the loyal mirror liar,
not our soul in the reflection
but the other, lonely and aged.

Ruminations of a Monk

Why was your *Ars Magna*
unable to bring us truth,
you poor Ramon Llull?
Why is it that we are still incapable
of seeing wine, or tasting it
even after Baudelaire's
anxious gift?
Why has the poetry of the Bible
not been able to change the world,
or at least to devastate it?
Why do we not realize
that we do not learn,
that we must always
start again in love from the beginning
as Kierkegaard suggested?
And why are one's failures
in all of these things
always shrouded
by the black wings of cynicism?

Un monje cavila

¿Por qué tu *Ars Magna*
no pudo darnos la verdad,
pobre de ti, Ramon Llull?
¿Por qué somos aún incapaces
de ver el vino, o de saborearlo
inclusive después
del ansioso regalo de Baudelaire?
¿Por qué la poesía de la Biblia
no ha podido cambiar el mundo,
o al menos devastarlo?
¿Por qué no nos damos cuenta
que nunca aprendemos,
que siempre tenemos
que empezar de nuevo a amar desde el principio
como lo sugirió Kierkegaard?
¿Y por qué son nuestros fracasos
en todas estas cosas
siempre cobijados
por las alas negras del cinismo?

Replacement

Living among superseded things,
many of them discarded
by the cruelty of thoughtlessness
of modern hysteria,
I find my center
in this conscious choice
of a grounded and removed
life and mode of being.
I learn thus
to acknowledge human excellence
in well-bound printed books,
in an impeccably mechanical
pocket watch,
in a solemn old Zeiss microscope
that sees through
with perfect optics,
in an innocent slide rule
that invites thinking,
in a loyal Underwood typewriter,
in a hand-wrought
Japanese sword—
still the best weapon
forged anywhere anytime—
in an oak desk where
I find most of what I need,
in photographs of
my son, wife, and mother.

Reemplazo

Viviendo entre cosas reemplazadas
muchas de ellas tiradas
por la crueldad de la irreflexión
de la histeria moderna,
encuentro mi centro
en esta opción consciente
de una vida y modo de ser
arraigados y lejanos.
Aprendo entonces
a reconocer la excelencia humana
en libros impresos bien encuadernados,
en un reloj
impecablemente mecánico,
en un solemne microscopio Zeiss antiguo
que ve a través
de su óptica perfecta,
en una inocente regla de cálculo
que invita a pensar,
en una leal máquina de escribir,
en una espada japonesa
forjada a mano—
aún la mejor arma
hecha en cualquier lugar o tiempo—
en un escritorio de encino donde
encuentro casi todo lo que quiero,
en las fotografías
de mi hijo, mi esposa y mi madre.

A Sight

When I saw you
as if dancing
in a hurricane of veils,
a turbulence originated
in my ventricles.
Enough warning had been given;
much of it I had read:
After three misguided friends
visit the mystery of the man Job,
he declares in protestation that
he made a covenant with his eyes
not to look at virgin maidens.
Leontius in Plato's *Republic*
struggles with himself,
loses, and allows his eyes
to feast on corpses.
The Stagirite in *Metaphysics*
is right in his cryptic phrase
"there are things that are
better not to see."
John in his First Epistle was careful
in telling of the lust of the eyes.
Augustine confesses Alypius's
mortal wound
upon opening his eyes
to look at the gladiatorial show;
something entered him
and he lost his soul, himself,
and his friendship with the saint.
On the other side of the orb
Confucius advised us
to ignore what we see, if dangerous;

Una escena

Cuando te vi
casi bailando
en un huracán de velos,
una turbulencia se originó
en mis ventrículos.
Suficientes advertencias habían sido dadas;
muchas, había yo leído:
Después de que tres descarriados amigos
visitan al misterio de hombre, Job,
él declara en protesta
que hizo un pacto con sus ojos
para no mirar a vírgenes doncellas.
Leoncio en la *República* de Platón
lucha consigo mismo,
pierde, y permite que sus ojos
se agasajen con cadáveres.
El Estagirita en su *Metafísica*
tiene razón con su enigmática frase
"hay cosas que es
mejor no ver".
Juan en su Primera Carta tuvo cuidado
en decirnos de la lujuria de los ojos.
Agustín confiesa
la herida mortal de Alypio
cuando éste abre sus ojos
para ver los combates de gladiadores;
algo le entró
y perdió su alma, a sí mismo
y su amistad con el santo.
Al otro lado del orbe
Confucio nos aconsejaba
que ignorásemos lo que se ve, si es peligroso;

his follower Mencius
speaks of the good man Po Yi
never looking at improper sights,
and this disciple's
pessimist counterpart, Hzun Tzu,
asserts that a gentleman trains his eyes.
Shakespeare's *Twelfth Night*
did fear to find the eye too great
a flatterer to the mind;
and Milton is obsessed
in *Paradise Lost,* while blind,
against the unspeakable desire to see.

So I saw you, willingly,
and everything changed
in the dim light.

su pupilo Mencio
nos habla del buen hombre Po Yi
que nunca miraba cosas inapropiadas,
y el pesimista contraparte
de este discípulo, Hzun Tzu,
nos asegura que un gentilhombre entrena sus ojos.
La doceava noche de Shakespeare
sintió el encontrar al ojo
un tremendo adulador de la mente;
y Milton está obsesionado
en su *Paraíso perdido,* ya ciego,
contra el perverso deseo de ver.

y así te vi, de buena gana,
y todo cambió
en la turbia luz.

Tres hombres y tres capas

El primero fue mi tío Alberto
quien me introdujo, casi de la mano,
a su "cuarto de los libros"
en su pequeño departamento
en la Ciudad de México;
haciendo esto, fijó mi centro en uno de sus ejes:
la vida del intelecto y el estudio.
Desgraciado en su matrimonio,
trabajando de humilde traductor
(él se enseñó a sí mismo ocho lenguas),
perdiendo a su hijita de ocho años,
fue rematado por Las Parcas:
se le desprendieron las dos retinas
y dejó de poder leer sus adorados libros.
Me demostró el respeto a la palabra escrita,
y la resignación en nuestro paso por la vida.

A Robert B. McLaughlin le debo
la entrada al reino invisible;
siendo un investigador de diatomeas,
me adoptó como pupilo, me enseñó correctamente
el uso del microscopio, instrumento más hermoso
inventado por el hombre, y me regaló
un Zeiss, que aún uso y respeto.
La ironía del dios que le dio a Borges
los libros y la noche a un mismo tiempo,
le donó en el ojo izquierdo
el mismo insulto que a mi tío
y así dejó de hacer observaciones binoculares,
y ahora lagrimea, en irritación,
al mirar por el tubo único cuando dibuja
sus objetos de estudioso.
Al verlo sentado frente a su instrumento

Three Men and Three Layers

The first was my uncle Alberto
who introduced me, almost by the hand,
to his "room of books"
in his small apartment
in Mexico City;
by doing this, he fixed my center on one of its axes:
the life of the mind and study.
Unhappy in marriage,
working as a humble translator
(he taught himself eight languages),
losing his eight-year-old daughter,
he was capped by The Fates:
both his retinas detached
and he stopped being able to read his beloved books.
He showed me respect for the written word,
and resignation in our walk through life.

To Robert B. McLaughlin I owe
the entrance into the invisible realm;
being a diatom researcher,
he adopted me as a pupil, taught me the proper
use of the microscope, the most beautiful instrument
invented by man, and gave me as a gift
a Zeiss, which I still use and respect.
The irony of the god who gave Borges
both books and the night at once,
granted him in his left eye
the same insult as my uncle's
and he stopped his binocular observations
and now sheds tears, in irritation,
when looking down a single tube while drawing
the objects he studies.
On seeing him sitting in front of his instrument

en su escritorio, como rey de la resolución óptica,
no puedo parar de acordarme de Beethoven,
sordo al piano.
Me dejó además de un microscopio
una amistad tenaz y un mundo nuevo.

Al tercero se le desgarró la misma tercera capa ocular,
pero en el lado derecho:
Elliott Skinner tuvo que dejar de ser maestro,
que era su pasión y en la que sobresalía,
y ahora lee con dificultad por el otro ojo
que sólo es bueno a medias, y continúa
de artista destacado, dibujando a tinta china y aquarela
preciosas caras y valientes cuerpos.
Una vez dije algo inapropiado y le herí;
él me habló con ternura:
me acordé de lo que es la amabilidad, y corregí algo en mí.

Este trío con sus trágicas terceras capas
me han permitido ver
más de tres cosas en mi oscuridad.

at his desk, the king of optical resolution,
I cannot help remembering Beethoven,
deaf at the piano.
He left me, besides a microscope,
a tenacious friendship, and a new world.

The third suffered the same tear of the third layer,
but in his right eye:
Elliott Skinner had to stop being a teacher,
the passion in which he excelled,
and now he reads with difficulty through his other eye
which is good only halfway, and continues
as a noteworthy artist, drawing with ink and watercolors
handsome faces and valiant bodies.
Once I said something inappropriate and hurt him;
he spoke to me with tenderness:
I remembered what kindness is, and corrected something in me.

This trio with their tragic third layers
have allowed me to see
more than three things in my darkness.

A Visit to My Home

To be back in this city,
heavy with hammers
and sprinkled with brown dust
is not easy.

Mothers still carry their small ones
in cloth wombs near their breasts,
their silent cries amplified
by their infants.

The number of legs and shoes is so great
an ant would be hopeless;
the sky is thick with gray:
wings cannot fly through it, and they perish.

Packed laborers
with superhuman hands
are led to their workplace by the wheels
of need and fear.

And at night, crushing grips
surround human roots
and stifle their search
for the springhead of rest.

Una visita a casa

Regresar a esta ciudad
cargada con martillos
y rociada con polvo café
no es fácil.

Madres aún cargan a sus niños
en matrices de jerga en los senos,
sus llantos silenciosos amplificados
por sus criaturas.

El número de piernas y zapatos es tan grande
que una hormiga no tendría esperanza;
el cielo está espeso con gris:
alas no pueden volar a través de él, y perecen.

Obreros empacados
con manos sobrehumanas
son llevados al trabajo por las ruedas
de la necesidad y el miedo.

Y por la noche, apretones triturantes
rodean raíces humanas
y ahogan su búsqueda
del manantial del descanso.

Última noche en Tenochtitlán

Cuando
el vientre
de la hoguera
se despidió
de los agresores,
quedaron las
grises partículas
reflejando
el hambre.

Last Night in Tenochtitlán

When
the belly
of the fire
said farewell
to the aggressors,
all that remained were
gray particles
reflecting
hunger.

Linda mi ex-esposa

La tarea que me diste,
inventar el color de los sentimientos,
sería ideal.
Las tinieblas nos han acechado:
los muertos matan a los vivos;
el pasado sin trayecto
choca con nuestros cuerpos presentes;
y de repente
una blanca flor aparece de la nada,
nos brilla y da el vivo oxígeno,
y nuestras células rojas se enriquecen.
La luz de la sonrisa de nuestro hijo
hace que los cerros reverdecen,
y la sombra que nos secaba
se disipa, dejando un manantial claro.
Si he de saber amar, pensaba,
será sólo contigo,
y si he de sentir el arco iris, pensaba,
será a través de la humedad
de tu ser.

Linda My Ex-Wife

The task given me by you,
to invent the color of feelings,
would be ideal.
Tenebrae have stalked us;
the dead kill the living;
the past without trajectory
crashes against our present bodies;
and suddenly
a white flower springs out of nothingness,
shines on us and gives us the living oxygen,
and our red cells are enriched.
The light of our son's smile
makes the hills re-green,
and the shadow that dried us
is dissipated, leaving a clear wellspring.
If I am ever to learn to love, I thought,
it will be with you alone,
and if I shall sense the rainbow, I thought,
it will be through the humidity
of your being.

Sensei Johnny Pereira

Were you to have lived longer
you would have realized
just how many people you transformed,
though you spoke little,
through teaching them *karate-dō*
(as if the discipline had been but an excuse);
it was your authentic presence
and your mode of being that did it.

It could well be that you wished to teach Nothing
and simply pass on moving Zen. Nonetheless:
we learned to acknowledge others as human beings
even while sparring with them;
we learned to allow form to do us
and to abandon the desire to master it;
we learned to move in stillness
and become a vehicle by submitting
ourselves freely to The Way;
we learned to bow
and to touch by teaching.

Perhaps now after many years of practice
and all these higher black belt ranks,
I would be ready to listen to you.

You never left us or my dōjō:
I can sense your smile, welcoming me
into your hall for the first time in the young '70s;
I see you bowing; I can hear your *kiai;*
I feel you doing, at last, the perfect kata,
as the great kata of life does you,
solving the ultimate koan.

Sensei Johnny Pereira

Si hubieses vivido más tiempo
te hubieras dado cuenta
de cuánta gente transformaste,
aunque decías muy poco
al enseñarles *karate-dō*
(la disciplina siendo casi una excusa);
fue tu auténtica presencia
y tu manera de ser que lo hicieron.

Es muy posible que tal vez querías enseñar Nada
y solamente pasarnos el Zen en movimiento. Pero:
aprendimos a reconocer a otros como seres humanos
inclusive al combatir con ellos;
aprendimos a permitir que la forma nos hiciese
a nosotros y a abandonar el deseo de poseerla;
aprendimos a movernos en la quietud
y convertirnos en un vehículo
al someternos libremente al camino;
aprendimos a saludar con reverencia
y a tocar a gente al enseñar.

Tal vez ahora, después de muchos años de práctica
y de todos esos grados avanzados de cinta negra,
estaría yo listo para escucharte de verdad.

Nunca nos dejaste ni dejaste a mi dōjō:
puedo sentir tu sonrisa, dándome la bienvenida
a tu vestíbulo por primera vez en los jóvenes años 70;
te veo hacer reverencia; puedo escuchar tu *kiai;*
te percibo haciendo, al fin, la kata perfecta,
cuando la gran kata de la vida te hace,
y resuelves el último koan.

I bow to you, every time,
when we start class with *za-zen*,
while I work out and embody your ways,
and I wait for your return.

Te saludo, cada vez,
cuando empezamos mi clase con *za-zen*,
mientras entreno e incorporo tus modos,
y espero tu regreso.

Andrés Shō Dan

Almost a dozen winters have elapsed
since I cut your umbilical cord:
the belt that placed you
in this warm world.

Before your fourth year
I dressed you in your first *gi:*
veteran calloused hands wrapping supple skin
with the white of openness.

Itosu and Azato, great senseis,
entrusted to each other their children in order to teach them:
you have shown me their decision
was not necessarily correct.

The snow was fresh on the tender grass
many mornings we practiced together:
your spirit earned my respect.

Sweating next to one's child
is a blessing few are are granted.

While you do kata
a flower opens in my heart,
and listening to you *kiai*
makes my eardrums the anvil of the dōjō.

Once I was quite ill:
your commitment to The Way
was the ministration that healed me.

I was given to *kumite* my own son,
my best friend:
I am a rival to the gods.

Shō dan Andrés

Casi una docena de inviernos han pasado
desde que corté tu cordón umbilical:
la cinta que te puso
en este cálido mundo.

Antes de tu cuarto año
te vestí en tu primer *gi:*
veteranas manos callosas envolviendo blanda piel
con lo receptivo de lo blanco.

Itosu y Azato, grandes senseis,
se intercambiaron hijos para poder enseñarles:
tú me has mostrado que su decisión
no fue necesariamente la correcta.

La nieve estaba fresca en el tierno pasto
muchas mañanas que entrenamos juntos:
tu espíritu se ganó mi respeto.

Sudar al lado de tu hijo
es una bendición pocos han recibido.

Cuando haces kata
una flor se abre en mi corazón,
y escuchándote *kiai*
hace de mis tímpanos el yunque del dōjō.

Una vez estuve enfermo gravemente:
tu dedicación al camino
fue el cuidado que me curó.

Se me otorgó *kumitear* con mi propio hijo,
mi mejor amigo:
compito con los dioses.

The grain has grown:
today *karate-dō* welcomes you into new learning
and I, the father of a black belt,
thank you
for helping me come closer
to my center, to my form,
and to the completion
and beginning of a Circle.

YOUR FATHER,
JORGE AIGLA
SATURDAY, 17 NOVEMBER 2001

La semilla ha crecido:
este día *karate-dō* te acoge hacia nuevo aprendizaje
y yo, el padre de una cinta negra,
te doy gracias
por ayudarme a acercarme
a mi centro, a mi forma,
y a la terminación
y principio de un Círculo.

TU PADRE,

JORGE AIGLA

SÁBADO, 17 DE NOVIEMBRE DE 2001

Human Wishes

How I wish I could hate
more than all the world
and despise all creatures
rivers, rocks, and names

I wish I now dared to scratch
the foam and shores and mist
and no particle retain
of this ill-given realm

I wish I were able to contain
all drops of laughter
between sharp eyelids
around eye sockets gone astray

I wish I ventured to thrust
these hands of clay and spurs
into the smoothness of a veil
and find the shades therein

I wish to overturn
all shells and find beneath
the pearls of guilt and fear
and hope and hungry air

I wish I could soon learn
to love your being just once
breathe your scent
and taste your tears well spent.

Deseos humanos

Cómo deseo poder odiar
más que todo el mundo
y despreciar toda criatura
ríos, rocas y nombres

Deseo ahora atreverme a rascar
la espuma y las orillas y la niebla
y retener ni una partícula
de este mal-dado reino

Deseo que fuese capaz de contener
toda gota de risa
entre filosos párpados
en derredor de órbitas perdidas

Deseo arriesgarme a clavar
estas manos de barro y espuelas
dentro de la suavidad de un velo
y encontrar sombras ahí

Deseo volcar
toda concha y encontrar debajo
las perlas de culpa y miedo
y esperanza y aire hambriento

Deseo pronto poder
sólo una vez amar tu ser
y respirar tu aroma
y saborear tus merecidas lágrimas.

Andrés and Joaquín *Ni Dan*

Two men
two *dans*
two second *dans:*
one entering The Way
as the other entered the world;
both kind
committed with spirit
to the openness of the all
with my respect.

One day
many katas
one belt:
quickly answering
the summons from afar
and giving itself
to two men:
one my student and friend
the other my son and student and friend.

Happening
only once for me
so far:
two *dans*
two second *dans.*

8 May 2004

Andrés y Joaquín *ni dan*

Dos hombres
dos *dans*
dos segundos *dans*
uno entrando en El Camino
cuando el otro entró en el mundo
ambos dóciles
entregados con espíritu
al todo abierto
con mi respeto.

Un día
muchas katas
una cinta:
velozmente respondiendo
a la lejana llamada
y dándose a dos
hombres:
uno, mi alumno y amigo
el otro, mi hijo, alumno y amigo.

Aconteciéndoseme
sólo una vez
hasta ahora:
dos *dans*
dos segundos *dans*.

8 mayo 2004

La caída

Cuando caí
hacia tus brazos
como criatura
y profundamente dormí

Di en confianza,
y tú con cariño
aceptaste
un pecho herido.

Cuando caí
del seco Suroeste
a tu húmedo centro
en California

entré
la última verja
otorgada a mí
y no buscada.

Cuando caí
dentro de ti
caí en el tiempo
y descendí

una larga escalera;
y vine
por vez primera
y encontré mi centro.

Cuando caí
dentro de tus lágrimas
y la mías en las tuyas fluyeron
se disipó todo el miedo

The Fall

When I fell
into your arms
like a baby
and soundly slept

I gave in trust,
and you fondly
accepted
a wounded breast.

When I fell
from dry Southwest
into your humid
California core

I entered
the last gate
allotted me
and not sought.

When I fell
into you,
I fell into time,
I descended

a long ladder;
I came
for the first time
and found my center.

When I fell
into your tears
and mine flowed into yours,
gone were all fears

y el calor de fundirse
se nos dio
en testimonio
del roce humano.

Cuando caí
caímos juntos
y nos sostendremos
para siempre.

Así caí,
y deseo surgir
sólo en tu profundidad
mi consuelo Marlane.

and warm commingling
was granted us
in a testimony
of human touch.

When I fell
we fell together
and shall each
hold on forever.

So I fell,
and I wish to surface
only in your depth
my solace Marlane.

The Beginning

Merciless daybreak
announced our separation
which we accepted brightly
knowing what we both felt

At dusk my eyes wander
and delineate your face
within clouds deep in thunder
and evanescent lightning

The icy grip shrouding my core
was melted by your presence,
your caring touch transformed my essence:
the old I was soon no more

My soul wishes to sing to you
words of grace from above,
sounds iridescent, true,
flutterings of a dove

Distance makes us closer
the past feeds the future
to you my being I offer
your smile becomes my nurture

I run through the valley of echoes
your whispers calling mine
our hair is bathed in raindrops
hand in hand, Marlane, we are one.

El principio

La despiadada aurora
nuestra separación anunció
y brillantemente la aceptamos
sabiendo lo que sentíamos

Al anochecer mis ojos deambulan
y delinean tu rostro
en nubes hondas entre truenos
y rayos evanescentes

Las garras heladas que amortajaron mi centro
se derritieron por tu presencia
tus caricias transformaron mi esencia:
mi antiguo yo ya más no fue

Mi alma desea cantarte
palabras de gracia, celestes,
sonidos verdaderos, iridiscentes,
de una paloma, revoloteos

La distancia nos acerca
el pasado nutre el futuro
a ti mi ser te ofrezco
tu sonrisa es mi alimento

Corro a través del valle de los ecos
tus susurros los míos llaman
nuestro pelo en lluvia se baña
mano en mano, Marlane, somos uno.

NOTES

p. xv. Preface. "It has been pointed out. . . ." Julián Marías, Introduction to *Meditations on Quixote* by José Ortega y Gasset (New York: Norton, 1963), 15.

pp. 10-11. Museo del Chopo: The oldest natural history museum in Mexico and all of Latin America.

pp. 20-21. Ruch and Patton, *Physiology and Biophysics* (Philadelphia: Saunders, 1965) was the leading textbook in its field at the time.

pp. 24-25. "symbols of hexagons": Phenyl groups in organic chemistry formulas are symbolized as hexagons, with the double bonds simplified as a circle within them.

"circles crossed by lines": the way these same phenyl groups are abbreviated.

pp. 32-33. The episode describing the stitches on Don Quixote's stockings giving way is in Part II, Chapter XLIV.

pp. 58-59. Goethe's Mephistopheles: *Faust, Part I,* lines 1339-1340; "all that comes to birth deserves to be destroyed."

pp. 64-65. Ars Magna (1277) or *The Science of Sciences* is a book by the Catalán poet and philosopher Ramon Llull (1235-1315), a book on how to discover truth.

Baudelaire, Charles: see section nine, poems CVII-CXI, in *Les Fleurs du Mal.*

Kierkegaard, Sören: Danish writer and theologian; see his *Fear and Trembling*, Epilogue, p. 130 (Princeton: Princeton Univ. Press, 1968) and his *Philosophical Fragments*, p. 85 (Princeton: Princeton Univ. Press, 1967).

pp. 68-71. Job 31:1.

Plato, *Republic*, IV, 439e-440a.

"Stagirite": Aristotle, *Metaphysics*, XII, 1074b 33.

John: 1 John 2:16.

St. Augustine, *Confessions*, Bk. VI, Chapter 8.

Confucius, *Analacts*, II, 18.

Mencius: *The Book of Mencius*, V, B.1.

Hzun Tzu: *Basic Writings of Mo Tzu, Hsun Tzu and Han Fei Tzu* (New York: Columbia Univ. Press, 1964), 22.

Shakespeare, *Twelfth Night*, I. v., 310.

Milton, *Paradise Lost*, III, 662.

pp. 82-85. dōjō: the practice hall in the Zen ways.

kiai: the volitional shout expressing commitment and emotional content in the martial arts.

kata: form, a series of prearranged movements in karate-dō.

koan: a seemingly paradoxical formulation, designed to exercise the mind beyond thought, used in some sects of Zen Buddhism.

za-zen: sitting meditation.

pp. 86-89. shō dan: first-degree black belt.

gi: the white uniform used in karate-dō.

senseis: teachers of a way in Zen.

kata, kiai, dōjō: see notes to preceding poem.

kumite: a loose translation would be "sparring"; this form of karate-dō practice should be done with full control.

pp. 92-93. ni dan: second-degree black belt.

kata: see notes to poem on pp. 82-85.